Michael Heinen-Anders
**Wie wir Muslimen den Weg
zum Christus bahnen**

Herstellung und Verlag: BoD - Books on Demand,
Norderstedt

ISBN **9783749470464**

Inhaltsverzeichnis

Eine seltsame Traum-Imagination

Vor wenigen Wochen hatte ich eine seltsame Traumimagination. Ich fuhr in einem Bus, saß dort auf einem Platz in der Mitte des Busses, welcher nicht überfüllt war. Man kennt ja Behinderte oder Personen mit Krückstöcken, welche ultimativ verlangen, daß ein Platz für sie freigemacht werde, meist zeigen sie dann auf den Platz - und (fast) jeder verständige Fahrgast, wird dann seinen Platz räumen, um dem gekandikapten Fahrgast seinen Platz frei zu machen - es sei denn, er zählt selbst zu den Gehandikapten.

Nun geschah es mir im Traume so, dass eine etwa 40-jährige Kopftuchträgerin - sie trug ein buntgemustertes Kopftuch - auf meinen Platz deutete, und damit andeutete, ich möge ihn für sie freimachen. Diese Muslimin war auf den ersten Blick nicht körperlich gehandikapt und hatte auch keine Kinder dabei. Ihr Verhalten stellte für mich also ein Rätsel dar. Ich bedeutete ihr, dass ich den Platz nicht räumen werde, zumal noch genügend freie Plätze im Bus vorhanden waren.

Nun frage ich mich, was diese Traumimagination eigentlich geistig zu bedeuten hat? Kann es sein, dass diese Frau mit ihrer muslimischen Geistigkeit, den „Sitz"-Platz anstelle meiner - anthroposophischen - Geistigkeit beanspruchte?

Kurz gesagt, ging es hierbei - geistig gesprochen - um eine "Machtprobe" - oder deute ich das ganze etwa nur völlig falsch? Wenn mich nun jemand fragt, ob ich eine Aversion gegen Muslime habe, so kann ich nur sagen, teils-teils. Denn obwohl ich mich mit dem Koran und seiner Auslegung auseinandergesetzt habe, so muß ich doch auch zugeben, dass ich zusätzlich allerlei kritische Literatur zum Islam gelesen habe, so u.a. auch zahlreiche Bücher von Hamed Abdel-Samad[1]. Doch habe ich wohl

---

[1] Z.B.: Hamed Abdel-Samad: Mohamed – Eine Abrechnung, München 2015 und Hamed Abdel-Samad: Der Koran – Botschaft der Liebe – Botschaft des Hasses, München 2016

genauer betrachtet weniger eine Aversion gegen Muslime als Individuum, - obwohl ich in einem Kölner Stadtteil mit sehr hoher Migrantenzahl lebe - sondern eher gegen deren ausschließende, sich abschottende religiöse Geisteshaltung. Nach dem Koran darf ein „richtiger" Muslim keine nichtmuslimischen Freunde haben – es sei denn zum nützlichen Schein. Auch darf eine Muslima keinen Nicht-Muslim ehelichen.[2] – Versuche meinerseits mit Muslimen in meiner Nachbarschaft, also in meinem „Veedel" ins echte Gespräch zu kommen, scheiterten meist auf rätselhafte Weise.

Dennoch bin ich sehr davon überzeugt, dass die nach Europa eingewanderten Muslime tief in ihrem Herzen wohl den Christus im Abendland suchen. Doch das dringt meist nicht ins klare Bewußtsein. Und wenn doch, dann hindern

---

[2] Vgl.
https://de.wikipedia.org/wiki/Islamische_Ehe?fbclid=IwAR1myzSor
kPGsX8OWODXNgUUzdAUd6p4UpzMufawX2Aolz17AnqPtkAd5
Gs#Ehen_mit_Nichtmuslimen

Vorschriften des Koran und der Hadithe den gläubigen Muslim an der Umsetzung dieser aus dem Halbbewußtsein nur dumpf aufsteigenden herzinniglichsten Wünsche.

Die anthroposophische Debatte – ein Versuch?

Auch Rudolf Steiner hat sich wiederholt dezidiert kritisch über den Islam geäußert, das darf bei einer Betrachtung des Islam und der aus ihm hervorgegangenen Muslime aus anthroposophischer Sicht nicht übersehen werden.
Der Islam ruht im wesentlichen auf drei Säulen: dem Koran, den Hadithen und der Scharia. Im Mittelalter prägten vor allem die Kreuzzüge das Bild des Islam in Europa. Und weiterhin begegneten sich Muslime und Christen kriegerisch in Spanien, welches die Muslime zunächst großteils okkupierten. Erst im Frankenreich wurden sie bei ihrem weiteren Vordringen dann gestoppt.

Zweimal standen die Türken vor Wien[3] – und aufgrund dieser vorausgegangen Dramatik, scheint sich uns der Islam wie ein Gegenpol zum Christentum auszunehmen. Vor allem, wenn man alle wesentlichen Aussagen Rudolf Steiners hierzu zusammenstellt, so ergibt sich das entsprechende Bild.

Auch geistig fochten christliche Theologen wie Thomas von Aquin mit muslimischen Gelehrten um die „richtige" Auslegung des Aristoteles.

"Nach dem Christentum - das ist ganz klar für den, der die Begründung des Christentums kennt - kann eine neue Religion nicht mehr begründet werden. Man würde das Christentum unrichtig verstehen, wenn man glauben würde, daß eine neue Religion begründet werden könne." (Rudolf Steiner, GA 211: Das Sonnenmysterium und das Mysterium von Tod und Auferstehung, S. 139).

---

[3] Vgl. Peter Carter: Kinder des Buches – Im Kampf um Wien, Stuttgart 1996

Im übrigen äußert sich Steiner sehr differenziert, aber auch bestimmt über den Islam. Hier Auszüge aus einem Vortrag Steiners vor den Priestern der Christengemeinschaft zum Islam:
"Da fiel sein (Johannes) prophetischer Blick auf jene Lehre, welche nun im Osten entsteht – um 666 -, und welche zurückgreift in jenes Mysterienwesen, das nichts weiß vom Sohn: die mohammedanische Lehre. Die mohammedanische Lehre kennt nicht diese Struktur der Welt, von der ich Ihnen gesprochen habe, sie kennt nicht die zwei Reiche, das Reich des Vaters und das Reich des Geistes, sie kennt nur allein den Vater. Sie kennt nur die starre Lehre: Es gibt nur einen Gott, Allah, und nichts, was neben ihm ist, und Mohammed ist sein Prophet. – Von diesem Gesichtspunkt aus ist die mohammedanische Lehre die stärkste Polarität zum Christentum, denn sie hat den Willen zum Beseitigen aller Freiheit für alle Zukunft, den Willen zum Determinismus, wie es nicht anders sein

kann, wenn man die Welt nur im Sinne des Vatergottes vorstellt.Und der Apokalyptiker empfindet: Da kann der Mensch sich nicht selber finden. Da kann der Mensch nicht durchchristet werden. Da kann der Mensch nicht sein Menschentum in sich ergreifen, wenn er nur erfaßt diese ältere Lehre vom Vater.-" (Rudolf Steiner, GA 346, S. 107)."In dezidierter Weise sah der Apokalyptiker innerlich voraus, was den Menschen drohte. Das Christentum wird nach zwei Richtungen hin in ein Scheinchristentum verfallen – oder besser gesagt, es wird in ein in Nebel gehülltes Christentum hineingeraten; und das, was ihm droht als ein solches Überflutetsein, das wird bezeichnet durch das Jahr 666, das in der geistigen Welt das bedeutsame Jahr war, wo überall eintritt, was im Arabismus, im Mohammedanismus lebt. Er bezeichnet dieses Jahr 666 mit aller Deutlichkeit. Diejenigen, die apokalyptisch lesen können, die verstehen das schon. Der Apokalyptiker sah voraus, wie dasjenige wirken würde, was da hereinbricht, wenn er in dem gewaltigen Worte die Zahl 666 als die Zahl des Tieres bezeichnet." (Rudolf Steiner, GA 346, S. 108).

Darüberhinaus gibt es noch eine bezeichnende Stelle zum Islam in den Lehrerkonferenzen, wo Steiner versucht die Wesenheit Allahs zu erfassen:"Der Mohamedanismus ist die erste ahrimanische Manifestation, die erste ahrimanische Offenbarung nach dem Mysterium von Golgatha. Der Gott Mohammeds, Allah, Eloha, ist ein ahrimanischer Abglanz der elohistischen Wesenheiten, der Elohim, aber monotheistisch erfaßt. Er bezeichnet sie immer in einer Einheit. Die mohammedanische Kultur ist ahrimanisch, aber die Gemütsverfassung der Islamiten ist luziferisch."(Rudolf Steiner, GA 300a, Konferenz vom 9.6.1920, S. 130).

Es ist allerdings auch die positive Bedeutung des Islam bei der Eindämmung des Gondhishapur[4]-Impulses zu beachten, auch darauf hat Rudolf Steiner hingewiesen. So sagt Steiner aber in diesen Vorträgen auch: "Indem Mohammed eine phantastische Religionslehre verbreitete, vor allen Dingen über diejenigen Gegenden, über die man verbreiten wollte die gnostische Weisheit von Gondhishapur, nahm er sozusagen dieser gnostischen Weisheit das Feld weg." (Rudolf Steiner, GA 184: Die Polarität von Dauer und Entwicklung im Menschenleben..., S. 283).

Der Islam beruft sich über Mohammed auf eine Inspiration durch den Erzengel Gabriel.
Dieser soll Mohammed den Koran diktiert haben. Eine fortwirkende Inspiration durch die Erzengel kennt der Koran allerdings nicht. Er bleibt also insoweit eine reine Buchreligion.

---

[4] Vgl. https://anthrowiki.at/Akademie_von_Gundishapur

16

Entwicklungsmöglichkeiten lässt
allerdings auch der Islam zu – obwohl er
aufgrund einer strengen
Prädestinationslehre, die zuweilen an
Calvin erinnert, zum Fatalismus gegenüber
der anthroposophischen Entwicklungsidee
durch Reinkarnation und Karma neigt,
soweit er diese überhaupt anzuerkennen
mag.

Der von Rudolf Steiner sehr verehrte
Johann Wolfgang von Goethe schrieb
allerdings in seinem West-östlichen Diwan
u.a.:

„Wofür ich Allah höchlich danke?
Dass er Leiden und Wissen getrennt.
Verzweifeln müsste jeder Kranke,
Das Übel kennend, wie der Arzt es kennt."

"Närrisch, dass jeder in seinem Falle
Seine besondere Meinung preist!
Wenn Islam Gott ergeben heißt,
In Islam leben und sterben wir alle."

Der Islam wird bei Goethe so zur Universalreligion, was sich allerdings erst anhand von Goethes Sufismusrezeption, die über die mystischen Dichtungen des Islam erfolgte, ergibt:

„Gesteht's! Die Dichter des Orients
Sind größer als wir des Okzidents.
Worin wir sie aber völlig erreichen,
Dass ist im Hass auf unsresgleichen."

Der offensichtliche Widerspruch zwischen Steiner und Goethe an diesem Punkt lässt sich bei einer Betrachtung der potentiellen Entwicklungsmöglichkeiten des Islam überwinden. So schreibt Pietro Archiati in seinem Buch „Die Weltreligionen" über den Islam: „Das heutige Zusammenleben von Islam und Christentum kann als positive, entwicklungsfördernde gegenseitige Herausforderung erlebt werden. Der Islam ist dazu da, um dem traditionellen Christentum das eigene Versagen wie in einem Spiegel vorzuhalten. Er fordert das Christentum auf, ernst zu machen mit dem Christentum selbst. Er fordert alle auf nicht nur eine christliche Theorie zu haben, sondern auch die Lebenspraxis damit zu durchdringen. Die Herausforderung des Christentums dem Islam gegenüber ist andererseits die Herausforderung der individuellen Freiheit. Aber diese Herausforderung wird nicht wirksam durch die Theorie über die individuelle Freiheit, sondern durch die Wirklichkeit der Freiheit selbst, die sich nur in wahrhaft freien Menschen zeigen und durch sie ausstrahlen kann.

(...)

Dasjenige, was das vergangene Christentum heute mit dem Islam erlebt und noch viel stärker erleben wird, kommt daher, dass der Mensch des Islam sehr lange an die Pforte des Christentums gepocht hat in der unbewussten, aber realen Suche nach der Liebe. Der Islam ist bitter enttäuscht worden, weil er das Wesen der Liebe nicht gefunden hat! So können wir auch das Aggressive des Islam dem christlichen Abendland gegenüber aus der bitteren Enttäuschung und Entbehrung erklären. Das wahre Ich dieser Menschen hat das Menschliche gesucht und es nicht gefunden dort, wo die Voraussetzungen da waren, dass es hätte vorhanden sein können.

Auch der islamische Mensch sucht wie jeder Mensch das Wesen der Liebe im anderen Menschen. Und was sucht das traditionelle Christentum, herausgefordert vom Islam? Es sucht dasjenige, was es verloren hat: auch das kosmisch-göttliche Wesen der Liebe, auch den Christus.

So haben die Christen und die Muslims die Suche nach dem Wesen der Liebe gemeinsam! Indem dank der Auseinandersetzung zwischen Islam und Christentum ein Bewusstsein davon entsteht, dass dasjenige, was wir alle gemeinsam haben – die Suche nach dem wahren Menschentum, die Suche nach dem Christus-Wesen -, viel tiefer und gewaltiger ist als dasjenige, was wir nicht gemeinsam haben, entsteht eine große

Zukunftshoffnung der Menschheit! Es entsteht die Hoffnung, dass sowohl der Mensch im Christentum wie auch der Mensch im Islam den Impuls immer tiefer würdigen wird, wodurch zum ersten Male nach zweitausend Jahren die reale Christus-Wesenheit wiedergefunden werden kann in der Menschheit.

Wo wird Christus real wiedergefunden in der heutigen Menschheit? Ich kenne nur einen geistigen Impuls, von dem ich sagen darf: Hier wird Christus wiedergefunden, das ist die Geisteswissenschaft Rudolf Steiners! Im Westen, wo Christentum und Islam in oft tragischer Weise Karma miteinander auszutragen haben, höre ich die Stimme, die ruft: O Muslim, o Christ, sucht das Wesen der Liebe, sucht die Christus-Wesenheit dort, wo sie zu finden ist! Wo eine Wissenschaft des Geistes, wo ein Bewusstsein der Wesenhaftigkeit und der Substantialität des Geistes so real wiedergewonnen wird, dass für den Menschen, der diese Geisteswissenschaft ergreift, die reale Begegnung mit dem

Wesen des Christus in seiner übersinnlichen Wiederkunft möglich wird. Das ist die Hoffnung jedes Christen, dies ist die Hoffnung jedes Muslim." (Pietro Archiati, Die Weltreligionen – Wege des Menschen zu sich selbst, Dornach 1997, S. 235 - 239).

Immer wieder gibt es auch Muslime, die zum Christentum konvertieren, diese Konversion aber gegenüber ihrem muslimischen Umfeld geheim halten, um keine Nachteile erleiden zu müssen. Denn nach strenger Auslegung des Koran und der Hadithe sind Apostaten bzw. „Abtrünnige im Glauben" mindestens vogelfrei.[5] D. h. jeder „Gläubige" darf mit ihnen beliebig verfahren, sie also auch strafen, schlagen oder gar töten.

Ein praktikabler Ausweg

Im täglichen Umgang mit Muslimen kann auch der dezidiert anthroposophisch

---

[5] Vgl. z.B.: https://anthrowiki.at/Konvertiten#Islam und https://de.wikipedia.org/wiki/Apostasie_im_Islam

verbrämte Gebrauch der deutschen
Sprache Nutzen stiften.

Dies ist möglich, wenn wir uns folgender
Phänomene vergegenwärtigen und sie
vorsichtig den Muslimen lehren:

"Nirgends außer in Mitteleuropa wird
«Ich» gesagt, wenn man sein eigenes Ich
meint, seine eigene Wesenheit. Es ist
durch den Volksgeist, der sich als
Sprachgeist manifestiert, die ganze
Evolution so gelenkt worden, daß es
allmählich dazugekommen ist, die eigene
Wesenheit auszudrücken mit dem Wort
Ich. Aber Ich, «I-Ch», ist Jesus Christus!
Es liegt in Jesus Christus darin. Dadurch,
daß in dem «Ich» Jesus Christus in seinen
Anfangsbuchstaben ausgesprochen wird,
ist das sinnbildlich ausgedrückt, was im
mitteleuropäischen Geisteswesen liegt, wie
es intim verbunden ist mit dem
innerlichsten Erleben. Jedesmal, wenn man
«Ich» ausspricht, spricht man die
Anfangsbuchstaben «Jesus Christus» aus.

Wenn man nur einmal auf solche Dinge, die wirklich heute noch als phantastisch angesehen werden, die geistigen Augen lenken würde, würde man schon finden, wie unbewußt die Geister der höheren Hierarchien in die menschliche Entwickelung immer hineinwirken, und dann Bedeutsames finden in den Dingen, die man heute nur so hinnimmt." (Rudolf Steiner, GA 159, Das Geheimnis des Todes. Wesen und Bedeutung Mitteleuropas und die europäischen Volksgeister, S. 217)

"Der Christus selber muß im menschlichen Ich wirksam lebendig werden. Daher neigt sich in Mitteleuropa wie in keiner andern europäischen Sprache allmählich die ganze Entwickelung dem zu, daß das «Ich» genannt wird. Und Ich ist «I-C-H». Wie ein mächtiges Symbolum im intimen Zusammenwirken dessen, was dem Gemüte das Heiligste sein kann mit diesem Gemüte selber, steht das da in Mitteleuropa: Ich = I-CH - Jesus Christus!

24

Jesus Christus und zugleich das menschliche Ich. So wirkt der Volksgeist, inspirierend das Volk, um in charakteristischen Worten auszudrücken, was die zugrunde liegenden Tatsachen sind." (Rudolf Steiner, GA 159, Das Geheimnis des Todes. Wesen und Bedeutung Mitteleuropas und die europäischen Volksgeister, S. 193)

Insbesondere all jene, die sich berufen fühlen Muslimen deutschen Sprachunterricht zu erteilen, dürfen sich hierdurch aufgerufen fühlen, bei aller didaktisch notwendigen Achtsamkeit, diese Inhalte an Muslime weiterzuvermitteln.

Literatur:

*Rudolf Steiner: Apokalypse und Priesterwirken (GA 346);

*Rudolf Steiner: Das Sonnenmysterium und das Mysterium von Tod und Auferstehung (GA 211);

*Rudolf Steiner: Lehrerkonferenzen, Bd. I (GA 300a);

*Rudolf Steiner: Die Polarität von Dauer und Entwicklung im Menschenleben (GA 184);

*Johann Wolfgang von Goethe: West-östlicher Diwan;

*Wolfram von Eschenbach: Parzifal;

*Pietro Archiati: Unterwegs zum Menschen. Die Weltreligionen - Wege des Menschen zu sich selbst, ISBN 3-937078-56-8;

*Günter Röschert: Für die Sache Gottes - Der Islam in anthroposophischer Sicht, ISBN 3-929606-10-0

*Seyyed Hossein Nasr: Ideal und Wirklichkeit des Islam, ISBN 3-424-01127-4, S. 201 f.;

*Eric-Emmanuel Schmitt: Monsieur Ibrahim und die Blumen des Koran, ISBN 3-596-16117-

Autobiographische Notiz:

Michael Heinen-Anders wurde am 25.02.1960 in Köln geboren. Er studierte an der Bergischen Universität Wuppertal Wirtschafts- und Sozialwissenschaften.
1989 schloss er das Studium als Diplom-Ökonom ab.
Michael Heinen-Anders trat 1994 der Anthroposophischen Gesellschaft, Zweig Köln, bei.
Seit 2011 ist er gleichfalls Mitglied der Freien Hochschule für Geisteswissenschaft.
Er veröffentlichte zahlreiche literarische, essayistische und wissenschaftliche Schriften, darunter „Aus anthroposophischen Zusammenhängen", BoD, Norderstedt 2010 und „Aus anthroposophischen Zusammenhängen Band II", BoD, Norderstedt 2018.

Michael Heinen-Anders lebt in Köln, ist geschieden und hat zwei erwachsene Töchter.